COCINERITOS

Cosas Ricas para la hora del té

recetas fáciles y divertidas

María Florencia Cabrera

Cabrera, María Florencia
Cosas ricas para la hora del té / María Florencia Cabrera ; ilustrado por María Florencia Cabrera. - 1a ed. 1a reimp. - Buenos Aires : Ediciones Lea, 2011.
32 p. : il. ; 24x17 cm. - (¡Quiero saber!; 2)

ISBN 978-987-634-149-3

1. Libros de Cocina. 2. Repostería. I. Cabrera, María Florencia, ilus. II. Título
CDD 641.865

Cosas ricas para la hora del té es editado por EDICIONES LEA S.A.
Av. Dorrego 330, Ciudad de Buenos Aires, Argentina.
E-mail: info@edicioneslea.com Web: www.edicioneslea.com

Dibujo de tapa: Mariana Parrotta.

ISBN 978-987-634-149-3

Queda hecho el depósito que establece la Ley 11.723.

Primera edición, primera reimpresión, 10000 ejemplares.
Impreso en Argentina.
Esta edición se terminó de imprimir en mayo 2011 en Gráfica Pinter.

A FINITA LE ENCANTA AYUDAR A COCINAR A SU MAMÁ. SABE QUE SI PRESTA ATENCIÓN A LAS INDICACIONES DE LAS RECETAS, ES MUY FÁCIL Y DIVERTIDO PREPARAR DELICIOSOS PLATOS.

PRIMERO HAY QUE SEGUIR ALGUNAS PAUTAS:

1. ANTES QUE NADA HAY QUE LAVARSE MUY BIEN LAS MANOS.
2. LUEGO, COLOCARSE EL DELANTAL PARA NO ENSUCIARSE LA ROPA.
3. POR ÚLTIMO, HAY QUE MEDIR CON CUIDADO Y CON LA AYUDA DE UN MAYOR, LA CANTIDAD DE LOS INGREDIENTES QUE FIGURAN EN LA RECETA.

PARA EVITAR CONFUSIONES, FINITA REPASA LOS SIGNIFICADOS DE ALGUNAS PALABRAS QUE APARECEN EN LAS RECETAS.

AMASAR:

ES TRABAJAR CON LAS MANOS UNA MEZCLA DE HARINA Y LÍQUIDOS HASTA OBTENER UNA MASA PARECIDA A LA ARCILLA O A LA PLASTILINA.

BATIR:

ES REMOVER MUY LIGERO UNA PREPARACIÓN CON EL BATIDOR, PARA QUE ENTRE MUCHO AIRE Y SE PONGA ESPONJOSA.

TAMIZAR:

ES PASAR LA HARINA O VARIOS INGREDIENTES SECOS POR UN TAMIZ, DEJANDO LOS INGREDIENTES MÁS SUAVES Y SEPARADOS.

MOVIMIENTOS ENVOLVENTES:

ES MEZCLAR UNA PREPARACIÓN, USANDO ESPÁTULA, DE ABAJO PARA ARRIBA ENVOLVIENDO LA PROPIA MEZCLA LENTAMENTE. SE USA PARA MANTENER EL AIRE EN LA PREPARACIÓN.

GALLETITAS DE NARANJA Y MEMBRILLO

MARGARINA BLANDA, 130 g - AZÚCAR, 200 g - HARINA, 200 g - FÉCULA DE MAÍZ, 50 g - MIEL, 2 CUCHARADAS - 2 YEMAS - RALLADURA DE NARANJA, 1 CUCHARADA - DULCE DE MEMBRILLO, 100 g - AZÚCAR EXTRA.

- ENCENDER EL HORNO A TEMPERATURA MODERADA Y EN UN BOWL BATIR LA MARGARINA CON EL AZÚCAR. AGREGAR LA HARINA TAMIZADA JUNTO CON LA FÉCULA DE MAÍZ E INCORPORAR TODO.

- AÑADIR LA MIEL MEZCLADA CON LAS YEMAS Y LA RALLADURA DE NARANJA Y UNIR LOS INGREDIENTES HASTA FORMAR UNA MASA. EXTENDERLA Y COLOCAR POR ENCIMA LOS TROCITOS DE DULCE DE MEMBRILLO, ENROLLAR COMO UN PIONONO Y DEJAR REPOSAR EN LA HELADERA POR 20 MINUTOS.

- CORTAR RODAJAS DE 1 cm DE ESPESOR, PASAR LOS MEDALLONES POR AZÚCAR Y COLOCAR EN UNA PLACA ENMANTECADA Y ENHARINADA. LLEVAR A HORNO MODERADO POR 15 MINUTOS.

GALLETITAS DE LIMÓN

MANTECA BLANDA, 150 g – AZÚCAR, 220 g – RALLADURA DE LIMÓN, 1 CUCHARADA – 1 HUEVO – 3 YEMAS – HARINA, 300 g – 1 HUEVO BATIDO.

- ENCENDER EL HORNO A TEMPERATURA MODERADA. COMENZAR BATIENDO LA MANTECA CON EL AZÚCAR HASTA FORMAR UNA ESPUMA, AGREGAR LA RALLADURA DE LIMÓN, EL HUEVO Y LAS YEMAS Y CONTINUAR BATIENDO. INCORPORAR LA HARINA TAMIZADA Y FORMAR UNA MASA. DEJAR REPOSAR POR 15 MINUTOS.
- ESTIRAR LA MASA Y CORTAR FORMITAS, COLOCARLAS EN UNA PLACA ENMANTECADA Y ENHARINADA. PINTAR CON HUEVO BATIDO Y LLEVAR A HORNO MODERADO POR 20 MINUTOS.

GALLETITAS DE AVENA

HARINA, 130 g – SAL, ½ CUCHARADITA – POLVO DE HORNEAR, ½ CUCHARADITA – AZÚCAR NEGRA, 120 g – AZÚCAR, 120 g – MANTECA BLANDA, 100 g – 1 HUEVO – ESENCIA DE VAINILLA, 1 CUCHARADITA – AVENA ARROLLADA INSTANTÁNEA, 220 g – NUECES, 60 g.

- PRECALENTAR EL HORNO A TEMPERATURA MODERADA. MIENTRAS TANTO, BATIR LAS DOS AZÚCARES JUNTO CON LA MANTECA BLANDA FORMANDO UNA CREMA, AGREGAR LA ESENCIA DE VAINILLA, EL HUEVO Y SEGUIR BATIENDO.
- AGREGAR LA HARINA TAMIZADA JUNTO CON LA SAL Y EL POLVO DE HORNEAR, MEZCLAR E INCORPORAR LA AVENA ARROLLADA Y LAS NUECES. INTEGRAR TODO.
- TOMAR CUCHARADITAS DE MASA Y CON LA AYUDA DE LOS DEDITOS, COLOCAR LOS MONTONCITOS DE MASA EN LA PLACA ENMANTECADA, PONIÉNDOLOS BASTANTE SEPARADOS. HORNEAR DE 10 A 12 MINUTOS A TEMPERATURA MODERADA.

GALLETITAS DE NUEZ Y CHOCOLATE

MANTECA BLANDA, 300 g – AZÚCAR IMPALPABLE, 250 g – 2 HUEVOS – RALLADURA Y JUGO DE 1 LIMÓN – HARINA, 500 g – SAL, ½ CUCHARADITA – POLVO DE HORNEAR, 1 CUCHARADITA – CHOCOLATE PARA REPOSTERÍA PICADO, 250 g – NUECES PICADAS, 150 g.

- ENCENDER EL HORNO A TEMPERATURA MODERADA. BATIR EL AZÚCAR Y LA MANTECA HASTA QUE LA MEZCLA QUEDE CASI BLANCA. INCORPORAR LOS HUEVOS MEZCLADOS CON EL JUGO Y LA RALLADURA DE LIMÓN.

- TAMIZAR LA HARINA, LA SAL Y EL POLVO DE HORNEAR EN UN BOWL. HACER UN HOYO EN EL MEDIO Y AHÍ MISMO COLOCAR LA MEZCLA ANTERIOR, AGREGAR EL CHOCOLATE Y LAS NUECES PICADAS. INCORPORAR TODO. COLOCAR LA MEZCLA EN UN SEPARADOR DE FREEZER Y FORMAR UN ROLLO. LLEVAR AL FREEZER POR 40 MINUTOS.

- CORTAR RODAJAS DE 1 cm DE ANCHO Y COLOCARLAS SOBRE LA PLACA ENMANTECADA Y ENHARINADA. LLEVAR LA PLACA NUEVAMENTE AL FREEZER POR 15 MINUTOS. LUEGO LLEVAR A HORNO MODERADO POR 10 MINUTOS. DEJAR ENFRIAR EN LA MISMA PLACA.

MASITAS DE CHOCOLATE Y PASAS

MANTECA BLANDA, 100 g – 2 HUEVOS – AZÚCAR, 200 g – MIEL, 2 CUCHARADAS – HARINA LEUDANTE, 300 g – CACAO, 50 g – CHOCOLATE DE REPOSTERÍA PICADO, 150 g – PASAS DE UVA SIN SEMILLAS, 50 g.

- PRECALENTAR EL HORNO A TEMPERATURA MODERADA, MEZCLAR LA MANTECA BLANDA, LOS HUEVOS Y EL AZÚCAR. AGREGAR LA MIEL Y SEGUIR MEZCLANDO.
- TAMIZAR LA HARINA LEUDANTE JUNTO CON EL CACAO, AGREGAR A LA PREPARACIÓN Y UNIR TODO. AGREGAR EL CHOCOLATE PICADO GRUESO Y LAS PASAS DE UVA.
- ESTIRAR LA MASA CON UN PALOTE HASTA 1 cm DE ESPESOR. CORTAR MEDALLONES, COLOCARLOS EN UNA PLACA ENMANTECADA Y ENHARINADA Y LLEVARLOS A HORNO MODERADO DE 12 A 15 MINUTOS.

MASITAS DE AVENA Y CHOCOLATE

MANTECA BLANDA, 100 g – AZÚCAR, 100 g – 2 HUEVOS – GALLETITAS DE CHOCOLATE MOLIDAS, 100 g – AVENA ARROLLADA, 50 g – POLVO DE HORNEAR, 1 CUCHARADITA – CHOCOLATE DE REPOSTERÍA RALLADO, 50 g – AZÚCAR, 2 CUCHARADAS.

- ENCENDER EL HORNO A TEMPERATURA MODERADA, BATIR LA MANTECA CON EL AZÚCAR HASTA QUE SE FORME UNA CREMA. AÑADIR LOS HUEVOS E INCORPORAR TODO.
- EN OTRO BOWL MEZCLAR LAS GALLETITAS DE CHOCOLATE MOLIDAS, LA AVENA ARROLLADA, EL POLVO DE HORNEAR Y EL CHOCOLATE RALLADO. AGREGAR ESTA MEZCLA AL BATIDO ANTERIOR Y UNIR TODOS LOS INGREDIENTES.
- VERTER LA PREPARACIÓN EN UN MOLDE DE 25 x 25 cm ENMANTECADO Y ENHARINADO. ESPOLVOREAR LA CUBIERTA CON LAS DOS CUCHARADAS DE AZÚCAR Y LLEVAR A HORNO MODERADO POR 20 MINUTOS. UNA VEZ FRÍA, CORTAR EN CUADRADITOS Y ESPOLVOREAR CON AZÚCAR IMPALPABLE.

VAINILLAS DE CHOCOLATE

3 HUEVOS – AZÚCAR, 100 g - CHOCOLATE DE REPOSTERÍA DERRETIDO, 50 g – HARINA, 100 g – POLVO DE HORNEAR, 1 CUCHARADITA – ESENCIA DE VAINILLA, 1 CUCHARADITA – AZÚCAR EXTRA.

- PRECALENTAR EL HORNO A TEMPERATURA MODERADA. BATIR LOS HUEVOS CON EL AZÚCAR HASTA QUE LA MEZCLA QUEDE BIEN ESPUMOSA E INCORPORAR EL CHOCOLATE PARA TAZA DERRETIDO.
- AGREGAR LA ESENCIA DE VAINILLA Y LA HARINA TAMIZADA JUNTO CON EL POLVO DE HORNEAR. MEZCLAR SUAVEMENTE CON UNA ESPÁTULA, CON MOVIMIENTOS ENVOLVENTES.
- COLOCAR LA PREPARACIÓN EN UNA MANGA CON BOQUILLA LISA Y FORMAR LAS VAINILLAS EN LA PLACA ENMANTECADA Y ENHARINADA. ESPOLVOREAR LAS VAINILLAS CON AZÚCAR Y LLEVAR A HORNO MODERADO DE 20 A 25 MINUTOS.

BROWNIES

CHOCOLATE DE REPOSTERÍA DERRETIDO, 40 g - HARINA, 130 g - POLVO DE HORNEAR, 1 CUCHARADITA - AZÚCAR, 220 g - MANTECA BLANDA, 100 g - 3 HUEVOS - ESENCIA DE VAINILLA, 1 CUCHARADITA - NUECES PICADAS, 100 g.

- PRECALENTAR EL HORNO A TEMPERATURA MODERADA. EN UN BOWL VERTER EL CHOCOLATE DERRETIDO (Y CALIENTE), AGREGAR EL AZÚCAR Y LA MANTECA BATIENDO HASTA QUE ESTA ÚLTIMA SE DERRITA.

- AGREGAR LOS HUEVOS DE A UNO, INCORPORAR LA ESENCIA DE VAINILLA Y LAS NUECES PICADAS Y MEZCLAR. AÑADIR LA HARINA E INTEGRAR TODO.

- VERTER LA PREPARACIÓN EN UN MOLDE RECTANGULAR ENMANTECADO Y ENHARINADO Y LLEVAR A HORNO MODERADO POR 20 MINUTOS. CUANDO TODAVÍA LA PREPARACIÓN ESTÉ BIEN CALIENTE, CORTAR EN CUADRADITOS, SACARLOS DEL MOLDE Y DEJAR ENFRIAR SOBRE UNA REJILLA.

BOCADITOS DULCES

QUESO CREMA, 100 g - AZÚCAR IMPALPABLE, 150 g - 3 YEMAS - ESENCIA DE VAINILLA, 1 CUCHARADITA - RALLADURA DE LIMÓN, 1 CUCHARADA HARINA, 300 g - POLVO PARA HORNEAR, 1 CUCHARADITA - CHOCOLATE DE REPOSTERÍA, 100 g.

- ENCENDER EL HORNO A TEMPERATURA MÁXIMA, MEZCLAR EL QUESO CREMA CON EL AZÚCAR IMPALPABLE, AGREGAR LAS YEMAS DE A UNA E INCORPORAR LA ESENCIA DE VAINILLA Y LA RALLADURA DEL LIMÓN, INTEGRANDO TODO BIEN.
- AGREGAR LA HARINA TAMIZADA JUNTO CON EL POLVO DE HORNEAR Y FORMAR UNA MASA. DEJAR REPOSAR EN LA HELADERA DURANTE 20 MINUTOS.
- ESTIRAR LA MASA HASTA 1 cm DE ESPESOR Y CORTAR FORMITAS, COLOCARLAS EN UNA PLACA ENMANTECADA Y ENHARINADA Y LLEVAR A HORNO FUERTE POR 15 MINUTOS. UNA VEZ FRÍAS LAS FORMITAS, PINCELAR CON EL CHOCOLATE DERRETIDO Y DEJAR ENFRIAR.

BOCADITOS DE NARANJA Y PASAS

CREMA DE LECHE, 200 cm^3 – AZÚCAR, 150 g – CACAO, 50 g – RALLADURA DE 1 NARANJA – ESENCIA DE VAINILLA, 1 CUCHARADITA – 3 HUEVOS – HARINA LEUDANTE, 200 g – PASAS DE UVA, 100 g – CHOCOLATE BLANCO DERRETIDO, 200 g.

- PRECALENTAR EL HORNO A TEMPERATURA MODERADA, MEZCLAR LA CREMA DE LECHE JUNTO CON EL AZÚCAR Y AGREGAR EL CACAO, LA RALLADURA DE NARANJA Y LA ESENCIA DE VAINILLA. MEZCLAR BIEN E INCORPORAR LOS HUEVOS DE A UNO, LA HARINA Y LAS PASAS DE UVA.
- VERTER LA MEZCLA EN UN MOLDE RECTANGULAR DE 25 x 15 cm ENMANTECADO Y ENHARINADO Y LLEVAR A HORNO MODERADO DE 25 A 30 MINUTOS.
- ENFRIAR Y CORTAR LA PREPARACIÓN EN TROZOS PEQUEÑOS, TAMAÑO BOCADITOS, Y PINCELARLOS CON EL CHOCOLATE BLANCO DERRETIDO.

BOCADITOS DE DULCE DE LECHE

MANTECA BLANDA, 150 g – AZÚCAR, 200 g – 1 HUEVO – RALLADURA DE 1 LIMÓN – ESENCIA DE VAINILLA, 1 CUCHARADITA – DULCE DE LECHE, 100 g – HARINA, 300 g – POLVO DE HORNEAR, ½ CUCHARADITA CHOCOLATE DE REPOSTERÍA RALLADO, 100 g.

- ENCENDER EL HORNO A TEMPERATURA MÁXIMA, MEZCLAR LA MANTECA JUNTO CON EL AZÚCAR, Y AGREGAR EL HUEVO, LA RALLADURA DE LIMÓN Y LA ESENCIA DE VAINILLA. MEZCLAR BIEN, INCORPORAR EL DULCE DE LECHE Y UNIR TODO.

- AGREGAR LA HARINA TAMIZADA JUNTO CON EL POLVO DE HORNEAR, MEZCLAR E INCORPORAR EL CHOCOLATE RALLADO GRUESO.

- COLOCAR LA MEZCLA EN UNA PLACA DE 35 x 25 cm ENMANTECADA Y ENHARINADA. ESPOLVOREAR CON AZÚCAR Y LLEVAR AL HORNO POR 12 MINUTOS. DEJAR ENFRIAR Y CORTAR BOCADITOS.

BIZCOCHITOS PARA EL TÉ

HARINA, 650 g – AZÚCAR, 200 g – LECHE, 220 ml – 1 HUEVO – RALLADURA DE 1 NARANJA – MANTECA DERRETIDA, 100 g – ESENCIA DE VAINILLA, 1 CUCHARADITA.

- PRECALENTAR EL HORNO A TEMPERATURA MODERADA, COLOCAR LA HARINA Y EL AZÚCAR EN UN BOWL GRANDE Y HACER UN HOYO EN EL CENTRO.
- VERTER EN EL HOYO LA LECHE CON EL HUEVO BATIDO, LA RALLADURA DE NARANJA, LA MANTECA DERRETIDA Y LA ESENCIA DE VAINILLA, TODO PREVIAMENTE MEZCLADO. UNIR TODO CON CUCHARA DE MADERA. FORMAR UN BOLLO Y DEJAR EN LA HELADERA 20 MINUTOS. LUEGO, ESTIRAR LA MASA CON UN PALOTE ENHARINADO HASTA 1 CM DE ESPESOR.
- CORTAR DISTINTAS FORMAS Y COLOCARLAS EN UNA PLACA ENMANTECADA Y ENHARINADA. PINTAR LAS GALLETITAS CON EL HUEVO BATIDO Y ESPOLVOREAR CON AZÚCAR. LLEVAR A HORNO MODERADO POR 12 MINUTOS.

ESCONES

HARINA, 400 g– POLVO DE HORNEAR, 4 CUCHARADITAS – SAL, 1 CUCHARADITA – AZÚCAR, 4 CUCHARADAS – MANTECA, 100 g – LECHE, 160 ml Y 1 CUCHARADA EXTRA – ESENCIA DE VAINILLA, 1 CUCHARADITA – 1 YEMA.

- PRECALENTAR EL HORNO A TEMPERATURA MÁXIMA, TAMIZAR LA HARINA, EL POLVO DE HORNEAR, LA SAL Y EL AZÚCAR DENTRO DE UN BOWL, AGREGAR LA MANTECA (BIEN FRÍA) Y CON DOS CUCHILLOS CORTAR JUNTO CON LA HARINA HASTA QUE SE FORME UN GRANULADO DEL TAMAÑO DE LAS ARVEJAS.
- HACER UN HOYO EN EL CENTRO DEL GRANULADO, VERTER LA LECHE MEZCLADA CON LA ESENCIA DE VAINILLA Y UNIR TODO. ENHARINAR LA MESADA Y COLOCAR LA MASA O GRANULADO PARA UNIRLA Y TRABAJARLA CON LA PUNTA DE LOS DEDOS. LUEGO, CON UN PALO DE AMASAR ESTIRAR DEJÁNDOLA DE 2 cm DE ESPESOR.
- CORTAR LOS ESCONES CON UN VASO O UN CORTA PASTA CIRCULAR (EN AMBOS CASOS ENHARINADOS) Y COLOCARLOS EN UNA PLACA ENMANTECADA Y ENHARINADA. BATIR LA YEMA CON LA CUCHARADA DE LECHE Y PINTAR LOS ESCONES. LLEVAR A HORNO MÁXIMO DE 12 A 14 MINUTOS.

BIZCOCHOS DE AZÚCAR

HARINA, 360 g - SAL, ½ CUCHARADITA - POLVO DE HORNEAR, 2 CUCHARADITAS - AZÚCAR, 160 g - MANTECA BLANDA, 150 g - 2 HUEVOS - ESENCIA DE VAINILLA 1 CUCHARADITA.

- ENCENDER EL HORNO A TEMPERATURA MODERADA, BATIR LA MANTECA CON EL AZÚCAR HASTA OBTENER UNA CREMA. AGREGAR LOS HUEVOS DE A UNO Y UNIR BIEN. AÑADIR LA HARINA TAMIZADA CON LA SAL Y EL POLVO DE HORNEAR, INCORPORAR LA ESENCIA DE VAINILLA E INTEGRAR TODO.
- DEJAR DESCANSAR LA MASA EN LA HELADERA DURANTE 2 HORAS. LUEGO TOMAR PEQUEÑAS PORCIONES (COMO DEL TAMAÑO DE UNA NUEZ) Y COLOCARLAS EN UNA PLACA ENMANTECADA Y ENHARINADA SEPARADAS ENTRE SÍ.
- CON LA BASE DE UN VASO ENHARINADO APLASTARLAS UN POCO PARA QUE QUEDEN COMO BIZCOCHITOS REDONDOS. LLEVAR A HORNO MODERADO DE 10 A 15 MINUTOS.

BARRITAS DE CHOCOLATE

MANTECA, 200 g - CHOCOLATE DE REPOSTERÍA, 150 g - AZÚCAR, 200 g - 4 HUEVOS - HARINA, 250 g - ESENCIA DE VAINILLA, 1 CUCHARADITA - NUECES PICADAS, 50 g.

- PRECALENTAR EL HORNO A TEMPERATURA MODERADA, DERRETIR EN UNA CACEROLA A FUEGO MÍNIMO, LA MANTECA Y EL CHOCOLATE CORTADO EN TROCITOS, SIEMPRE REVOLVIENDO HASTA OBTENER UNA PREPARACIÓN LISA.
- RETIRAR LA CACEROLA DEL FUEGO, AGREGAR EL AZÚCAR, MEZCLAR BIEN Y DEJAR ENTIBIAR. LUEGO PASAR ESTA MEZCLA A UN BOWL, AGREGAR LOS HUEVOS DE A UNO Y UNIR TODO. AÑADIR LA HARINA, LA ESENCIA DE VAINILLA Y LAS NUECES PICADAS E INTEGRAR TODO.
- COLOCAR LA MEZCLA EN UNA FUENTE ENMANTECADA Y ENHARINADA Y LLEVAR A HORNO MODERADO DE 30 A 35 MINUTOS. UNA VEZ FRÍO, CORTAR EN BARRITAS.

BOCADITOS DE CHOCOLATE Y DULCE DE LECHE

MANTECA BLANDA, 120 g – AZÚCAR 120 g – 2 HUEVOS – CHOCOLATE DE REPOSTERÍA DERRETIDO, 50 g – HARINA, 120 g – FÉCULA DE MAÍZ, 60 g – POLVO DE HORNEAR, 3 CUCHARADITAS – ESENCIA DE VAINILLA, 1 CUCHARADITA – DULCE DE LECHE REPOSTERO, 200 g – CHOCOLATE DE REPOSTERÍA DERRETIDO, 20 g.

- ENCENDER EL HORNO A TEMPERATURA MÁXIMA. MEZCLAR LA MANTECA CON EL AZÚCAR HASTA OBTENER UN GRANULADO. AGREGAR LOS HUEVOS, LA ESENCIA DE VAINILLA Y EL CHOCOLATE, Y MEZCLAR BIEN.

- TAMIZAR LA HARINA CON LA FÉCULA DE MAÍZ Y EL POLVO DE HORNEAR, HACER UN HUECO EN EL CENTRO Y COLOCAR ALLÍ LA PREPARACIÓN ANTERIOR. FORMAR UN BOLLO Y DEJAR REPOSAR EN LA HELADERA POR 30 MINUTOS.

- TOMAR PEQUEÑAS PORCIONES DE LA MASA Y FORMAR BOLITAS, COLOCARLAS EN UNA PLACA ENMANTECADA Y ENHARINADA Y LLEVAR A UN HORNO FUERTE DE 10 A 12 MINUTOS. MEZCLAR EL DULCE DE LECHE CON EL CHOCOLATE DERRETIDO FORMANDO UNA PASTA Y CON UNA CUCHARITA COLOCAR EN UNA TAPITA. LUEGO COLOCAR OTRA TAPITA SOBRE EL DULCE PRESIONANDO LEVEMENTE PARA QUE SE PEGUEN.

LENGÜITAS AL CHOCOLATE

MANTECA BLANDA, 100 g – 3 YEMAS – AZÚCAR, 150 g – CHOCOLATE DE REPOSTERÍA DERRETIDO, 40 g – RALLADURA DE 1 NARANJA – HARINA, 300 g – POLVO DE HORNEAR, 1 CUCHARADITA.

- ENCENDER EL HORNO A TEMPERATURA MÁXIMA, BATIR LAS YEMAS CON EL AZÚCAR HASTA QUE QUEDEN BIEN CLARITAS. AGREGAR LA MANTECA Y UNIR TODO. AÑADIR EL CHOCOLATE Y LA RALLADURA DE NARANJA, MEZCLAR BIEN E INCORPORAR LA HARINA TAMIZADA JUNTO CON EL POLVO DE HORNEAR.

- AMASAR UN POCO Y DEJAR REPOSAR EN LA HELADERA POR 20 MINUTOS. ESTIRAR CON UN PALOTE HASTA ½ cm DE ESPESOR Y CORTAR LAS LENGÜITAS CON UN CORTA PASTA O CON UN CUCHILLO. COLOCARLAS EN UNA PLACA ENMANTECADA Y ENHARINADA Y LLEVAR A HORNO MÁXIMO POR 10 MINUTOS.

MUFFINS

MANTECA DERRETIDA, 4 CUCHARADAS – HARINA 320 g – POLVO DE HORNEAR, 2 CUCHARADITAS – AZÚCAR, 4 CUCHARADAS – SAL, ½ CUCHARADITA – 1 HUEVO – LECHE, 220 ml– ESENCIA DE VAINILLA 1 CUCHARADITA - PIROTINES GRANDES.

- ENCENDER EL HORNO A TEMPERATURA MÁXIMA, BATIR EL HUEVO, LA ESENCIA DE VAINILLA, LA LECHE Y LA MANTECA DERRETIDA. AGREGAR LA HARINA TAMIZADA JUNTO CON EL POLVO DE HORNEAR, EL AZÚCAR Y LA SAL Y UNIR TODO.

- COLOCAR LA MEZCLA EN PIROTINES GRANDES PARA MUFFINS (SE PUEDEN PONER DOBLES PARA QUE NO SE ABRAN TANTO), LLENANDO HASTA LAS ¾ PARTES (PORQUE DESPUÉS CRECEN). COLOCARLOS EN UNA PLACA ENMANTECADA Y ENHARINADA Y LLEVAR A UN HORNO MÁXIMO DE 15 A 20 MINUTOS.

MUFFINS DE BANANA Y CHOCOLATE

2 BANANAS – ESENCIA DE VAINILLA, 1 CUCHARADITA – 2 HUEVOS – CREMA DE LECHE, 220 cm^3 – HARINA LEUDANTE, 200 g – AZÚCAR, 150 g – POLVO PARA HORNEAR, 1 CUCHARADITA – SAL, 1 CUCHARADITA - PIROTINES GRANDES, CANTIDAD NECESARIA.

- PRECALENTAR EL HORNO A TEMPERATURA MODERADA, PROCESAR LAS BANANAS JUNTO CON LA ESENCIA DE VAINILLA.
- BATIR LA CREMA DE LECHE JUNTO CON LOS HUEVOS, LUEGO INCORPORAR LAS BANANAS PROCESADAS Y BATIR. AGREGAR LA HARINA TAMIZADA JUNTO CON EL CACAO, EL POLVO DE HORNEAR, LA SAL Y EL AZÚCAR E INCORPORAR TODO.
- RELLENAR LOS PIROTINES HASTA LAS ¾ PARTES Y LLEVARLOS A UN HORNO MODERADO POR 35 MINUTOS.

ESCONES CON PASAS

AZÚCAR, 2 CUCHARADAS - HARINA, 250 g - POLVO DE HORNEAR, 2 CUCHARADITAS - MANTECA, 100 g - 4 YEMAS - YOGUR DE VAINILLA, 80 cm³ PASAS DE UVA SIN SEMILLA, 50 g - 1 YEMA - LECHE, 1 CUCHARADA.

- ENCENDER EL HORNO A TEMPERATURA MÁXIMA, TAMIZAR EN UN BOWL LA HARINA JUNTO CON EL POLVO DE HORNEAR Y EL AZÚCAR. AGREGAR LA MANTECA (BIEN FRÍA) Y CON DOS CUCHILLOS CORTAR JUNTO CON LA HARINA HASTA QUE SE FORME UN GRANULADO DEL TAMAÑO DE LAS ARVEJAS. AGREGAR LAS YEMAS BATIDAS, EL YOGUR Y LAS PASAS DE UVA, Y CON UNA CUCHARA DE MADERA MEZCLAR TODO FORMANDO UN BOLLO.
- COLOCAR EL BOLLO EN LA MESADA ENHARINADA Y APLASTAR CON LAS MANOS DEJÁNDOLO DE 3 cm DE ESPESOR. CORTAR CÍRCULOS Y ACOMODARLOS EN UNA PLACA ENMANTECADA Y ENHARINADA. PINTAR CON LA YEMA BATIDA CON LA CUCHARA DE LECHE Y LLEVAR A HORNO MÁXIMO POR 15 MINUTOS.

PEPITAS

5 HUEVOS – MANTECA BLANDA, 200 g – AZÚCAR 200 g – ESENCIA DE VAINILLA, 1 CUCHARADITA – RALLADURA DE 1 LIMÓN – HARINA, 500 g DULCE DE MEMBRILLO, 150 g – AGUA CALIENTE, CANTIDAD EXTRA.

- PRECALENTAR EL HORNO A TEMPERATURA MODERADA Y PONER A HERVIR 4 HUEVOS CON CÁSCARA DURANTE 12 MINUTOS, DESPUÉS PONERLOS EN AGUA FRÍA, PELARLOS, CORTARLOS POR LA MITAD Y TAMIZAR LAS YEMAS CON UN COLADOR.
- BATIR LA MANTECA BLANDA JUNTO CON EL AZÚCAR, INCORPORAR EL HUEVO ENTERO, AGREGAR LAS YEMAS DE HUEVO DURO TAMIZADAS, LA ESENCIA DE VAINILLA Y LA RALLADURA DE LIMÓN Y MEZCLAR BIEN. AÑADIR LA HARINA Y CONTINUAR MEZCLANDO CON CUCHARA DE MADERA. UNIR CON LAS MANOS HASTA FORMAR UN BOLLO LISO. LUEGO, TOMAR PORCIONES DE MASA Y FORMA ROLLITOS DE 2 cm DE ANCHO. HAY QUE CORTARLOS COMO SI FUERAN ÑOQUIS Y POSTERIORMENTE DARLES FORMA DE PELOTITAS.
- COLOCARLOS EN UNA PLACA ENMANTECADA Y ENHARINADA BIEN SEPARADOS ENTRE SÍ. ENHARINAR UN DEDITO Y HUNDIRLO EN EL CENTRO DE CADA BOLITA DE MASA (ES PARA AHUECARLOS, PERO HAY QUE TENER CUIDADO DE NO AGUJEREARLOS).
- FORMAR UNA PASTA PISANDO CON TENEDOR EL MEMBRILLO CORTADO EN CUBITOS CON EL AGUA CALIENTE Y RELLENAR CON ESTA PREPARACIÓN LOS HUEQUITOS DE LAS MASITAS. LLEVAR A HORNO MODERADO HASTA QUE SE VEAN APENAS DORADITAS.

MASITAS SECAS

5 HUEVOS – MANTECA BLANDA, 200 g – AZÚCAR, 200 g – RALLADURA DE 1 LIMÓN – HARINA, 500 g – CACAO, 50 g – ESENCIA DE VAINILLA, 1 CUCHARADITA – CLARAS PARA PINTAR.

- ENCENDER EL HORNO A TEMPERATURA MODERADA, HERVIR 4 HUEVOS CON CÁSCARA DURANTE 12 MINUTOS, LUEGO SUMERGIRLOS EN AGUA FRÍA, PELARLOS, PARTIRLOS POR LA MITAD Y TAMIZAR LAS YEMAS CON UN COLADOR.

- BATIR LA MANTECA CON EL AZÚCAR, AGREGAR EL HUEVO ENTERO, LA ESENCIA DE VAINILLA Y MEZCLAR. AÑADIR LAS YEMAS DE HUEVO DURO TAMIZADAS Y LA RALLADURA DE LIMÓN, INCORPORANDO BIEN Y AGREGAR LA HARINA. TRABAJAR LA MASA CON LAS MANOS, FORMAR UN BOLLO LISO Y DIVIDIR EN DOS MITADES, A UNA DE LAS MITADES AGREGARLE EL CACAO Y AMASAR DE NUEVO HASTA OBTENER UNA MASA OSCURA.

- ESTIRAR LA MASA AMARILLA EN FORMA RECTANGULAR CON UN PALOTE, HASTA ½ cm DE ESPESOR. HACER LO MISMO CON LA MASA DE CHOCOLATE Y TRATAR DE QUE QUEDEN DEL MISMO TAMAÑO. PINTAR UNO DE LOS RECTÁNGULOS CON CLARA Y APOYAR EL OTRO RECTÁNGULO ENCIMA, INTERCALANDO MASAS AMARILLAS Y OSCURAS, SIEMPRE PINTÁNDOLAS CON CLARA. CORTAR RODAJAS PARA QUE QUEDEN COMO MASITAS RALLADAS, COLOCARLAS EN UNA PLACA ENMANTECADA Y ENHARINADA Y LLEVAR A HORNO MODERADO HASTA QUE ESTÉN APENAS DORADAS.

TIPS

VERIFICAR QUE ESTÉN TODOS LOS INGREDIENTES Y UTENSILIOS NECESARIOS PARA REALIZAR LA RECETA.

MEDIR Y PESAR CON CUIDADO TODOS LOS INGREDIENTES ANTES DE COMENZAR.

¿CUÁL ES LA DIFERENCIA ENTRE MOLDE Y PLACA? EL MOLDE TIENE PAREDES ALTAS QUE PUEDEN CONTENER UNA MEZCLA, MIENTRAS QUE LA PLACA TIENE SOLAMENTE 1 o 2 cm DE ALTURA.

PARA DERRETIR CHOCOLATE DE REPOSTERÍA, UNO DE LOS MÉTODOS ES PONERLO EN UN RECIPIENTE (PREFERIBLEMENTE DE VIDRIO) CORTADO EN PEDACITOS. LUEGO SE AGREGA AGUA HIRVIENDO, SE DEJA REPOSAR UN RATO Y SE ESCURRE CON CUIDADO EL AGUA. QUEDARÁ UNA PASTA DE CHOCOLATE DERRETIDO EN EL FONDO DEL RECIPIENTE QUE SE PUEDE RETIRAR CON UNA ESPÁTULA.

GLOSARIO DE INGREDIENTES

LOS ALIMENTOS RECIBEN DISTINTOS NOMBRES EN LOS PAÍSES DE LATINOAMÉRICA. PARA EVITAR DIFICULTADES, INCLUIMOS ESTE GLOSARIO CON LAS DIVERSAS DENOMINACIONES DE LOS INGREDIENTES DE LAS RECETAS.

AZÚCAR IMPALPABLE: AZÚCAR GLASS.

AZÚCAR NEGRA: AZÚCAR MORENA.

BANANA. PLÁTANO DULCE.

CHOCOLATE DE REPOSTERÍA. CHOCOLATE PARA TAZA.

CREMA DE LECHE: NATA LÍQUIDA.

DULCE DE LECHE: DULCE DE CAJETA, MANJAR BLANCO.

FÉCULA DE MAÍZ: ALMIDÓN DE MAÍZ, MAICENA.

GALLETITAS: COOKIES.

HARINA LEUDANTE: HARINA CON LEVADURA.

MANTECA: MANTEQUILLA.

PASAS DE UVA: UVAS PASAS.

QUESO CREMA: QUESO BLANCO.

ÍNDICE DE RECETAS